Programme politique
d'Alain Bopp

Éloge de l'Helvetia

Un spectre hante les esprits :
L'analphabétisme contemporain

© 2023 Alain Bopp

Herstellung und Verlag: BoD – Books on Demand,
Norderstedt

ISBN : 9783757824051

Sur l'auteur

Né en 1986 à Schaffhouse. A grandi dans le Weinland zurichois, puis a vécu à Winterthur, Embrach, Soleure et maintenant Bienne. Journaliste indépendant, auteur et artiste.
Symboliste. Erudit en gnosticisme et systèmes ésotériques. Depuis 2009, profession de foi en Shia (l'Islam chiite).

Au comité du réseau City Card Biel/Bienne, dans le GT Marketing du LeihBARàObjets, et fondateur de l'association pour la participation et l'éducation politiques FREIE MITTE – CENTRE LIBRE, avec siège à Bienne ; www.freiemitte-centrelibre.ch, www.citycardbielbienne.ch, www.alainpatricebopp.ch.

Dans le commerce en français :
Œuvre lyrique complète / Soma Summarum Résumé. Programme d'analyse et de relaxation psychodynamique profonde.

Jenny –
A Whole Lotta Love!

Contenu

Préface
Bienne
Personalia

Exigences générales

PROTECTION DE L'ENVIRONNEMENT
ADAPTATION AU CLIMAT
TRANSITION DES TRANSPORTS
TRANSITION ÉNERGÉTIQUE
TRANSITION AGRICOLE
CONSERVATION DES ESPÈCES
POLITIQUE DE L'HABITATION
POLITIQUE SOCIALE
INSTITUTIONS SOCIALES
SOINS DE SANTÉ
MIGRATION
DROGUES
CULTURE
POLITIQUE DE L'ÉDUCATION
QUESTIONS DE GENRE
PARTICIPATION POLITIQUE
POLITIQUE ÉCONOMIQUE
POLITIQUE FINANCIÈRE
STRUCTURE DE L'ÉTAT
POLITIQUE DE SÉCURITÉ

Annexes

Revenu de base inconditionnel RBI
Tournant énergétique
Alimentation à base de protéines végétales
Conflit ukrainien
Réforme de l'Union européenne UE
Étoile du genre

Préface

En raison d'une âme propre et unique qui s'est inscrite dans la mienne, j'ai déménagé à Bienne en avril 2020 pour y rester. Quelques années auparavant, j'avais déjà commencé à découvrir Bienne, Berne et ses environs, de manière intensive, les mois précédant mon déménagement. Dès le début, Bienne a été un coup d'œil pour moi. C'est pourquoi je me suis senti biennois dès les premiers jours, même si on ne peut presque pas le dire. Ainsi, les élections au Conseil de ville de 2020 ont été les premières pour moi à Bienne. Mon origine est Winterthour.

L'auteur est citoyen suisse et possède un passeport européen espagnol. Les opinions exprimées ici sont purement personnelles et ne doivent pas correspondre à celles d'organisations que je pourrais soutenir ou représenter.

Voici un éloge à la réalisation et au maintien de la souveraineté et de la neutralité suisses ! Il y a tant de choses que les autres pays pourraient s'inspirer de la Suisse. En tant que membre de

DiEM25, je salue les efforts démocratiques de l'UE, mais j'estime que l'UE devrait adopter la conception de la démocratie de la Suisse, et non l'inverse. La protection des salaires et les normes sociales de la Suisse ne doivent pas être touchées ! La juridiction et la capacité d'action propres doivent être préservées ! Dès que l'UE aura été conçue dans l'esprit de la Constitution suisse, c'est-à-dire avant que celle-ci ne soit sapée, la Suisse pourrait également faire partie d'une UE qui respecterait également les principes suisses de démocratie directe, de lutte contre la corruption et de transparence. Personnellement et du point de vue de l'histoire contemporaine, je trouve effrayant qu'une armée et un État paneuropéens ressemblant à la surface du Troisième Reich. L'UE devrait être conçue sur le modèle suisse, ce qui permettrait également une participation suisse, si les valeurs suisses (démocratie directe, fédéralisme, concordance, système de milice) n'étaient pas mises à mal par une adhésion.

Mon programme national ou universel est précédé d'un bref aperçu des affaires de la ville de Bienne et de la manière dont un éventuel programme électoral pour le Conseil de ville 2024 devrait être orienté.

Je considère avec Slavoj Žižek et Sahra Wagenknecht que les conséquences de la politique de gauche sont dues à la maison, lorsqu'un changement de société vers la droite semble inéluctable et représente un échec de la politique de gauche, qui néglige de plus en plus les besoins de la population et ne les perçoit plus, et qu'une critique de la politique de gauche de l'extrême gauche devient donc de plus en plus nécessaire pour ne pas laisser encore plus d'électeurs se détourner vers la droite.

BIENNE

Renforcer l'attractivité de Bienne !

La ville rouge au bord du lac bleu offre un grand potentiel ! Mon programme serait un simple programme de maintien et de développement de l'attractivité de la ville dans tous les domaines. Il s'agirait de :

Attractivité du lieu pour la formation professionnelle

L'attractivité du lieu pour la formation professionnelle doit être maintenue et développée. Ainsi, des installations comme celle du ceff ARTISANAT sont à saluer.

Institutions existantes :

- KBVE Ausbildungszentrum für Elektroberufe
- Berufsbildungszentrum BBZ
- BFB Bildung Formation Biel Bienne Wirtschaftsschule
- BFH-TI Berner Fachhochschule Technik & Informatik
- BFH-AHB Berner FHS Architektur, Holz & Bau
- Switzerland Innovation Park Biel/Bienne SIPBB
- HKB Oper und Rhythmik (Rue Jakob-Rosius 16)
- Ingenieurschule Biel-Bienne Höhere Technische Lehrsanstalt ISB / HTL (Rue de la Source 21)
- WBZ Weiterbildungszentrum (Rue du Wasen 9)
- Alpha Academie Biel Coiffeur-Kompetenz Center
- Schule für Gestaltung Bern & Biel (Rue de la Gabelle 21)
- cinfo – Zentrum für Information, Beratung und Bildung

für Berufe in der internationalen Zusammenarbeit
* Berufsberatungs- & Informationszentrum BIZ
* Höhere Fachschule Technik Mittelland hftm
* Bildungszentrum Baubiologie (Rue Général Dufour 18)
* TFS Technische Fachhochschule (Rue de la Gabelle 18)

Attractivité du lieu pour le sport populaire

Le développement d'infrastructures sportives attrayantes doit être poursuivi. C'est pourquoi je salue les salles multisports des Champs-de-Boujean (sport scolaire, inline hockey, gymnastique, escalade sportive) ou l'installation de squash Squash Factory.

Installations sportives existantes :

* Haute école fédérale de sport de Macolin HEFSM
* Tissot Arena (FC Biel-Bienne, HC Bienne, curling, etc.)
* Swiss Tennis (Allée Roger Federer 1)
* Installation d'athlétisme du Long-Champ
* Squash Factory (Chemin du Long-Champ 139)

Attractivité du lieu pour les institutions médicales

Il faut saluer l'intensification des efforts en matière d'attractivité du site pour les soins et la recherche médicaux ! Je me réjouis de l'extension des établissements de santé autour de la gare de Bienne ! Ainsi, des implantations comme celle de l'Institut de ré-habilitation et de technologie de la performance de la Haute école spécialisée bernoise de Berthoud et son intégration dans l'Institute for Human Centered Engineering HuCE sont naturelle-ment réjouissantes.

Le Centre hospitalier Bienne UCBA a loué 3'000 mètres carrés de surface supplémentaire à proximité immédiate du centre de santé « Medin » pour un loyer annuel d'environ 1 million de francs, qu'il exploitera à partir de 2024. Ainsi, une « Memory Clinic » interdisciplinaire et un centre de compétences multidisciplinaire autour des maladies chroniques ou complexes appelé « Maison de la Santé et de la Prévention », qui devrait ouvrir ses portes en 2026.

Installations médicales existantes :

- Centre médical Bienne CMB (Rue de l'Union 14)
- MEDIN Biel/Bienne (Place de la Gare 2c)
- Localmed Bienne – Médecins de famille
- Centre hospitalier Bienne (Vogelsang 84)

Attractivité du lieu pour l'innovation politique

Le démantèlement des prestations du service public doit absolument être évité ! Les conditions de travail dans les villes doivent être améliorées ! Il est urgent de s'attaquer aux retards en matière d'assainissement et d'investissement et de les réduire. La ville ne peut pas éviter d'augmenter le taux d'imposition communal. Les investissements dans le personnel et l'infrastructure de la ville doivent être maintenus et non réduits ! La rénovation et l'entretien nécessaires des infrastructures et des immeubles publics ne doivent pas être négligés ! Ainsi, la promotion de la construction de logements sociaux et d'utilité publique et la participation de la ville au marché immobilier doivent être développées. Un non à la réintroduction des doubles mandats doit être clair. En aucun cas, il ne faut économiser sur le personnel de l'administration municipale et de la collecte des déchets. Il est urgent d'améliorer les conditions et les rémunérations de travail dans les services publics, le nettoyage des déchets et l'inspection de la voirie !

Attractivité du lieu pour une culture variée

Il faut développer et encourager l'expression et l'interaction artistiques ! Je voudrais aussi introduire une carte de solidarité avec la liste des offres d'aide pour les personnes dans le besoin, un agenda culturel (avec un agenda politique intégré) et un échange interculinaire et interculturel régulier (délices culinaires, spécialités traditionnelles et plats nationaux).

Il est plus urgent que jamais de mettre en place une politique urbaine axée sur la recherche de solutions et de consensus ! L'assainissement des finances de la ville doit rester la priorité absolue. Il faut aussi s'attaquer au développement du conseil en matière de toxicomanie et d'endettement. L'attractivité du lieu passe par un service public fort et une image agréable de la ville.

Attractivité du lieu pour l'innovation énergétique

Les multiples efforts en matière d'innovation énergétique dans la ville doivent être fortement soutenus. C'est pourquoi il faut conserver la certification « Cité de l'énergie Suisse » et viser la certification « Ville verte Suisse ». Je me félicite aussi de l'intensification du transfert des places de parking urbaines vers les parkings souterrains. L'« Initiative pour le climat urbain » et l'« Offensive vélo à Bienne » sont des signes nécessaires pour une politique énergétique urbaine prometteuse ! Aussi « Urban Zéro » m'a enthousiasmé depuis la première seconde ! La ville a besoin d'un centre-ville où le trafic est réduit ! Aussi une gondole à travers Bienne augmenterait l'attractivité touristique. Une place de la gare sans voitures serait aussi souhaitable. Je demande une ville sans voitures (sauf pour les livreurs, les riverains, les visiteurs, les transports publics et les organisations à gyrophares) ! Il est aussi impératif qu'urgent de trouver des solutions pour désengorger et réguler le volume de voitures vendues sur les rives du lac dans les communes de Mörigen, Sutz-Lattrigen, Ipsach et Nidau ! Comme mon idée initiale de parkings souterrains a, contre toute attente, été bien accueillie par les automobilistes aussi, j'opterais entre-temps pour un transfert des places de stationnement au bord du lac vers des parkings souterrains, même si les parkings souterrains au bord du lac font sans doute davantage saigner mon cœur que l'encombrement de voitures en surface autour du lac.

La séparation des voies cyclables et piétonnes doit être introduite et garantie. J'ai été horrifié par l'idée de la branche ouest de l'A5. Je salue la rénovation de l'usine CFF à Bienne, les activités de la coopérative solaire Biel/Bienne et le « Prix Engagement » de la ville de Bienne pour le choix des trois meilleures rénovations d'immeubles.

SOUTIEN IDÉEL POUR : Espace filles Artemiss BielBienne (Rue du Fer 6), Barbarie (Alternative Music Festival), « Biel für Alle – Bienne pour Tous », Biwog Coopérative biennoise de construction (Crêt-du-Bois 63), Brasserie La Marmotte, Collectif afroféministe CABBAK Bienne, Casanostra Association pour l'habitation assistée, Coupole Bienne, Der ORT (Rue du Marché 34), EQUIPE VOLO, Extinction Rébellion Bienne, Cuisine populaire Bienne (Quai du Haut 52), Maison de Naissance Luna (Quai du Bas 23), Société d'utilité publique Bienne SUPB – La Glaneuse, Genossenschaft FAB-A (Ruelle de la Fabrique), Projekt Grandir-Ensemble de l'InfoQuartiers Beaujean, Pro Velo BSJ, «Ein Haus pour Bienne» (Rue du Contrôle 22), Hot Pot Chillies (Culture sur le terrain Gurzelen), insieme Biel-Seeland (Chemin des Bourguignons 36), Association interculturelle à Nidau InterNido, Animation jeunesse de Nidau et environs JANU, KartellCulturel – Le Singe (Rue Basse 21), Projet de permaculture «LangSAMEr» (Terrain Gurzelen), LeihBARàObjets (Der ORT), Multimondo – Bibliothèque interculturelle LibriMondo (Rue du Marché-Neuf 64), Asile de Nuit Sleep-In (Rue des Prés 13), Collectif écofeministe La Bise (Rue Basse 44), plusQ'île Festival (Pré-Neptune), Info-Quartier Mâche (Rue de la Poste 41), Guilde de la rue du Marché-Neuf – Quai du Haut Bienne (Rue Salomé 11), QueerBienne (Rue Basse 38), Réseau Transition Suisse Romande (Rue du Général-Dufour 18), Samengemeinschaftszucht « Sagezu » Biel (Terrain Gurzelen), Centre culturel Les Abbatoirs (Rue de Morat 70), Association de soutien Ecovillage Mubaya Zimbabwe (Chemin des Oeuches 52), Solidarité femmes région biennoise (Rue du Contrôle 12), Spitex Biel-Bienne Regio AG (Rue Centrale 115), Fondation Battenberg (Rue du Midi 55), Stiftung Berner Gesundheit JBS (Rue de la Gare 50), Stiftung der Burgergemeinde Bözingen zur Förderung der Ausbildung (Route de Solheure 7), Fondation Dammweg (Chemin du Terreau 25), Fondation Dessaules (Rue de Nidau 14), Fondation Foyer Schöni (Rue Karl-Neuhaus 32), Fondation Hans Gutjahr (Chemin du Parc 8), Fondation Intégration pour tous IPT (Rue Franche 2), Fondation Jeanne Huber (Rue de Nidau 49), Fondation Lore Sandoz-Peter (Rue des Prés 88), Fondation Vinetum (Chemin des Chatons 9), Transition Biel Bienne – Vision 2035 (Rue du Marché 34), Terrain Gurzelen – Gurz Buvette (Allée de la Champagne 2), terre & lumière Viticulture, TerreVision (Rue des Tanneurs 25), Parc zoologique

Bienne (Rue de l'Octroi 103), Femmes en réseau Bienne, Association KOLLEKTIV INKLUSIV, Verein LabCity – Participbienne, Association MädchenHouse desFilles Biel/Bienne, Association mosaïk (Ruelle de la Fabrique 1), Association Robin Food (Terrain Gurzelen), X-Project Association pour la jeunesse à Bienne (Chemin de la Course 62), Centre de santé sexuelle (Place de la Gare 2d).

LOCAUX PRÉFÉRÉS : Atomic Café (Place de la Gare 5), Café du Commerce (Rue Basse 25), Café Littéraire (Rue Haute 11), Carré Noir (Rue Haute 12), Dan'ton-ku Tiki Bar (Rue du Canal 27), DISPO (Rue Dr. Schneider 3 à Nidau), Gärbi Breihaus (Rue des Tanneurs 25), Kreuz Kultur Nidau+ (Hauptrasse 33 à Nidau), SCAT CLUB (Ring 14), Le Singe (Rue Basse 21), Tiffanys (Rue Centrale 52), Twentys Cocktailbar (Rue Haute 20).

MAGASINS PRÉFÉRÉS : ÄSS-BAR (Rue du Marché 27), Batavia Épicerie Moderne (Ruelle de l'Église 1), Best Man Barber Shop (Rue Centrale 22), Épicerie 79a (Rue du Stand 79a), Librairie & Café Bostryche (Rue Centrale 14), Delirium Ludens (Rue de l'Union 15), Pharmacie Geno (Rue Centrale 45), Marmelade (Rue Centrale 34), Migros Nouveau Marché (Rue du Canal 36/38), Narimpex (Rue de Cygnes 47), Umami Vegane Cuisine (Rue des Maréchaux 12), Velo-Center (Rue Ernst Schüler 31).

AFFILIATIONS & ACTIVITÉS : Fondation FREIE MITTE – CENTRE LIBRE, Comité City Card Biel/Bienne, LeihBARàObjets, Société des Beaux-Arts Bienne, Die Literarische Biel DILIT, Café Littéraire Bienne, Café Philo Fledermaus, Vision 2025, DiEM25, Filmpodium Biel/Bienne, Denknetz, BKG.

MOUVEMENTS SOUTENUS À L'ÉCHELLE INTERNATIONALE : Anonymous, All Lives Matter (donc aussi Black Lives Matter), #MeToo (donc aussi #MeTooInceste), Ni una más !

EXIGENCES GÉNÉRALES

PROTECTION DE L'ENVIRONNEMENT

Des sanctions dissuasives sont nécessaires pour les déchets sauvages ! C'est pourquoi la sensibilisation et les mesures contre l'élimination incontrôlée des déchets sont nécessaires de toute urgence, des activités telles que les journées de nettoyage ou le *plogging (du suédois plocka upp* – ramasser – et le jogging) sont indispensables et très bienvenues. Bien entendu, l'élimination et le recyclage des déchets doivent être garantis. Le nettoyage des océans de (micro)plastique et de déchets est également nécessaire de toute urgence, ainsi que le nettoyage de l'espace des débris spatiaux. Je salue les solutions de nettoyage et de collecte des débris spatiaux, telles que celles de la société suisse ClearSpace, commandées par l'Agence spatiale européenne ESA pour la première mission de nettoyage dans l'espace au monde. Ce sera un problème urgent pour la maintenance de l'infrastructure moderne ainsi que pour le fonctionnement de l'ISS.

L'eau potable propre et gratuite pour tous doit devenir une réalité ! Une qualité élevée de l'eau potable et de l'air doit être garantie. Les catastrophes écologiques doivent être évitées. La plus grande conservation possible de la nature et de tous ses écosystèmes doit être une priorité absolue. La protection des écosystèmes irremplaçables doit être assurée. C'est pourquoi il est nécessaire d'étendre de manière intensive la protection approfondie de la nature. L'objectif le plus élevé doit être la poursuite et la promotion d'un reboisement durable. C'est pourquoi le **maintien et l'exportation de la loi sur la foresterie** sont indispensables. Les programmes de relèvement tels que ceux du Costa Rica devraient également servir de modèle. La protection durable des sols doit être élargie ! Des solutions sont nécessaires pour la dégradation des microplastiques des eaux, le « stockage » des déchets radioactifs et du lithium ! Les installations de recyclage des batteries lithium-ion de Redux Recycling à Offenbach DE sont les bienvenues ! Il y a un besoin urgent de nouvelles technologies pour nettoyer les océans, les eaux, l'environnement des déchets et des microplastiques ! Des projets tels que le robot Silver 2 sont très gratifiants. Des alternatives au plastique telles que des matériaux d'emballage sans traces et biodégradables doivent également être développées de toute urgence. Il est nécessaire de prévenir et de contrôler efficacement l'infiltration de polluants dans les eaux souterraines. Les puits d'eau potable accessibles au public doivent être encore agrandis. Les besoins actuels en eau résiduelle pour l'hydroélectricité doivent être maintenus. Nous devons réduire les émissions de méthane dès que possible.

ADAPTATION AU CLIMAT

L'urgence climatique devrait maintenant être évidente. Le défi consiste maintenant à s'attaquer aux effets du changement climatique et à aborder et promouvoir l'adaptation au climat. La zone de mort émergente à l'équateur et la menace existentielle d'une chaleur plus fréquente nécessitent également des ajustements sociaux et géographiques. Un environnement intact doit être garanti ou restauré. La renaturation et le verdissement de toutes les zones de peuplement doivent être encouragés, la promotion de la diversité génétique de la faune et de la flore doit être élargie, des préparatifs doivent être faits pour l'augmentation des sécheresses et des vagues de chaleur et des mesures contre l'élévation du niveau de la mer doivent être prises. Une protection et un approvisionnement garantis des eaux souterraines pour tous sont indispensables ! La salinisation des eaux souterraines et la rareté de l'eau doivent être évitées ! Aussi toute forme de greenwashing. Les ateliers d'histoire naturelle pourraient être élargis. Tout le monde doit être conscient de l'urgence de l'extinction des espèces et du changement climatique !

TRANSITION DES TRANSPORTS

Les infrastructures de transport public doivent être développées et rendues plus abordables. Des itinéraires sécuritaires pour les piétons et les cyclistes doivent être maintenus ou créés. **Le concept de transport public suisse doit être exporté !** La réduction du trafic individuel motorisé et l'extension des zones sans circulation doivent être vigoureusement encouragées. Je salue donc le projet Cargo sous terrain CST, la construction de transport souterrain de marchandises. Je demande également une augmentation de la taxe sur la képhane. Les transports non motorisés doivent être encouragés. L'introduction de voitures à hydrogène (véhicules fonctionnant à l'hydrogène) devrait également être encouragée. Les liaisons de transport public entre le lieu de travail et le lieu de résidence doivent être développées de manière à ce qu'une renonciation à la voiture soit possible pour beaucoup en premier lieu.

TRANSITION ÉNERGÉTIQUE

Réduire et s'éloigner complètement de la dépendance aux combustibles fossiles doit être une priorité absolue. L'évitement de la consommation de combustibles fossiles, la promotion d'une société sans combustibles fossiles et l'expansion des sources d'énergie renouvelables doivent être intensifiés de toute urgence. L'expansion et l'intensification d'une économie circulaire sont également nécessaires ! La rénovation économe en énergie de tous les bâtiments et une structure de bâtiment économe en énergie doivent être encouragées et encouragées. Le respect obligatoire de la norme Minergie-P est nécessaire dans la rénovation des bâtiments et l'efficacité énergétique ! **La norme Minergie-P en matière de rénovation de bâtiments et d'efficacité énergétique devrait être exportée !**

La construction de bâtiments durables et modulaires doit être la norme ! L'introduction d'une industrie électrique modulaire doit également être discutée. La rénovation et la remise à neuf des équipements publics doivent être abordées et accélérées ! L'objectif doit être 100% énergies renouvelables ! Augmenter et promouvoir l'efficacité énergétique est le premier commandement ! Le développement de systèmes modernes de stockage d'énergie est nécessaire de toute urgence, le réseau de rachat et le tarif de rachat doivent être clairement réglementés. Un système de contrôle efficace et gérable est nécessaire pour injecter l'énergie excédentaire provenant de la production alternative. Le réseau de chauffage urbain doit être étendu.

TRANSITION AGRICOLE

Nous avons besoin d'une conversion complète à la production agricole biologique et durable. Par exemple, les projets d'auto-suffisance et de modes de vie doivent être soutenus par l'énergie et la nutrition. La sécurité alimentaire doit être garantie dans le monde entier. La réduction de la superficie de culture mondiale du soja destiné à l'alimentation animale doit être appliquée de toute urgence. L'obligation d'étiquetage des aliments pour animaux sur tous les produits animaux doit également être garantie. La permaculture (agriculture permanente) doit être encouragée. L'agriculture sans OGM doit rester garantie. C'est pourquoi nous devons interdire et maintenir l'interdiction des organismes génétiquement modifiés (OGM), des semences génétiquement modifiées. L'agriculture biologique doit être développée et promue. Une approche écologique des ressources naturelles devrait aller de soi. Les produits à base de protéines devraient être subventionnés et promus. Les régimes et les produits végétaliens doivent être abordables. À mon avis, il doit y avoir une participation de l'État aux innovations et aux expériences sur l'avenir de la nutrition. Le projet « Food Future Switzerland » est bien sûr à saluer ! Il est également urgent de prendre des mesures pour éviter le gaspillage alimentaire. Par exemple, je serais favorable à ce que les détaillants obligent les détaillants à vendre des produits le dernier jour de la date de péremption à un dixième du prix habituel ou même à les donner (afin de ne pas avoir à jeter des aliments comestibles).

CONSERVATION DES ESPÈCES

Des mesures urgentes doivent être prises contre l'extinction croissante des espèces. La promotion de la biodiversité, de la biodiversité, doit passer avant tout ! Il a besoin d'une manipulation adaptée à l'espèce des animaux domestiques et d'élevage. Afin de réduire les émissions de méthane, les bâtiments d'élevage et d'animaux de compagnie devraient être considérablement réduits. Nous devons respecter et développer le bien-être animal ! Nous avons besoin d'une interdiction de l'élevage intensif et de l'élevage industriel ! Un renoncement progressif à un régime charnel serait très souhaitable. D'autre part, je rejette la viande de culture cellulaire (si c'est le cas, nous devrions abandonner complètement la consommation de viande et pouvoir nous nourrir de bien d'autres façons...). Nous avons besoin d'une interdiction de la publicité pour les produits carnés et les produits animaux ! Il doit y avoir une interdiction d'élever des bébés grands félins comme attraction touristique pour les câlins ! La prise de conscience des dangers de la surpêche doit également être maintenue. La protection et la conservation des peuples naturels menacés doivent être garanties !

POLITIQUE DE L'HABITATION

Il faut introduire un contrôle des loyers. Le logement abordable et le logement abordable doivent être possibles. Les logements intergénérationnels, les réseaux de structures autonomes et de coopératives, les formes alternatives de logement, les espaces de vie sans voiture et les éco-quartiers doivent être encouragés. Une plantation intensive de toutes les zones de peuplement et des façades est nécessaire. Ce qu'il faut, c'est interdire la spéculation dans les transactions immobilières et impliquer davantage la population dans la conception de ses espaces de vie.

POLITIQUE SOCIALE

« À travail égal, salaire égal ! » et « Salaire social pour le travail social ! » devraient aller de soi. C'est pourquoi il est essentiel de mettre fin aux rémunérations antisociales dans les professions sociales. De meilleures conditions de travail et de meilleurs salaires dans les soins, le travail social, l'éducation, la police et la justice doivent être créés de toute urgence ! En période d'inflation, des augmentations salariales générales d'au moins 5% sont absolument nécessaires. L'expansion de la main-d'œuvre dans les soins infirmiers, le travail social, l'éducation, la police, la justice et l'administration publique ne peut être réalisée qu'avec une attractivité accrue des conditions de travail. Il est également important de prévenir les soi-disant « travailleurs pauvres » et la pauvreté dans la vieillesse. Le soutien aux jeunes et aux adultes ayant des difficultés psychosociales, la protection de l'enfance, le travail de jeunesse et la prévention du suicide doivent être étendus. C'est pourquoi il faut beaucoup de courage, d'engagement, de cœur et d'euphémisme ! L'introduction de la semaine de quatre jours, du revenu de base inconditionnel, de la 13e rente AVS/AI analogue à la 13e rémunération mensuelle sont et seront évidemment nécessaires. Les pensions doivent également être augmentées, pas l'âge de la retraite. L'appréciation du travail de soins non rémunéré doit être établie. La justice sociale et la sécurité doivent être garanties par des solutions économiques et écologiques.

Il doit y avoir plus de sensibilisation dans la cancel culture et de sensibilisation à la santé mentale ! Le détatouage social des maladies mentales et de leurs dommages consécutifs est urgent ! Un échange interconfessionnel et culturel est nécessaire ! Des perspectives sont nécessaires pour les jeunes et les « marginalisés » ! Il y a un besoin de places de garderie abordables et suffisantes, d'une réduction accrue de la pauvreté et de conseils en matière d'endettement ! La mise en œuvre de l'égalité juridique et sociale de tous les être humain, indépendamment de son sexe, de son ethnie, de sa confession, de sa profession, de ses idéologies, est plus que temps !

INSTITUTIONS SOCIALES

Le respect des normes professionnelles dans le travail avec les personnes handicapées et handicapées doit être assuré. La promotion de l'intégration sociale et professionnelle des personnes défavorisées et handicapées doit être une priorité absolue. Une communication transparente dans les institutions sociales est indispensable. L'expertise doit être assurée à tous les niveaux. Les cultures d'entreprise doivent être conçues pour être aussi humaines, durables, participatives et professionnelles que possible. Les perspectives individuelles doivent être reconnues et promues. La promotion du développement des clients et des employés doit passer en premier. La diffusion et l'acceptation de l'utilisation de touchers dans les foyers pour personnes âgées et handicapées seraient également souhaitables. La fin de l'exploitation économique dans les ateliers « protégés », des hôpitaux psychiatriques et des prisons des personnes en situation d'urgence et du paternalisme serait également temps. C'est pourquoi nous devons agrandir les maisons de soins infirmiers conviviales et des contrôles internes et externes plus efficaces. La préservation de l'humanité, le soin, la flexibilité, l'authenticité, la qualité et l'engagement doivent être donnés. La conception aimante et l'acceptation des soins de ceux qui sont dans le besoin (je vous demanderais également de vous rappeler que « chérir » peut signifier à la fois soins et mentir) doivent augmenter.

SOINS DE SANTÉ

Bien sûr, il devrait être possible d'empêcher une augmentation régulière des primes d'assurance maladie. Je suis également fermement opposé à la privatisation des hôpitaux, favorable à l'introduction d'une caisse unique d'assurance maladie et à l'interdiction de la publicité pour l'alcool et la nicotine. L'avidité pour le profit dans le traitement des maladies doit être arrêtée. Les médicaments essentiels trop chers ne doivent pas être consommés. Des soins médicaux de qualité et abordables doivent devenir de plus en plus évidents. Le libre accès aux soins de santé est plus essentiel. C'est pourquoi les coûts des soins de santé liés au revenu sont nécessaires. La sensibilisation aux troubles de la toxicomanie doit être maintenue. Par conséquent, il est important de lutter contre toutes les maladies addictives – telles que l'alcoolisme et la dépendance au jeu. Aussi de nouvelles maladies répandues – telles que l'obésité et la dépression. Il faut également se préparer aux endémies et aux pandémies.

MIGRATION

L'intégration humaine des réfugiés doit être garantie. Un processus d'intégration assisté des immigrants doit être encouragé. La reconnaissance facilitée des formations et des diplômes étrangers doit également être encouragée. Il doit également être évident de faciliter la naturalisation des enfants immigrés nés en Suisse. L'admission de personnes gravement menacées par des crises économiques, des catastrophes climatiques, des actes de guerre et des comportements contraires à l'éthique est obligatoire ! Les conditions dans les foyers de réfugiés doivent s'améliorer.

Une amnistie pour les immigrants illégaux après 5 ans serait également appropriée. De meilleures conditions de vie dans les zones de crise doivent également être créées pour éviter la migration. Nous avons besoin d'une expansion intensive de l'aide humanitaire d'urgence ! Le sort des femmes et des enfants ukrainiens réfugiés et introuvables doit également être clarifié ! Il faut également des conditions de travail et des mesures d'adaptation acceptables pour les travailleurs de la récolte et les travailleurs saisonniers ! Pour moi, l'acceptation et le respect de la liberté de croyance et des croyances de toutes sortes vont aussi de soi. Je suis donc malheureux par l'islamophobie rampante (islamophobie). Bien sûr, ce qu'il faut, c'est une humanisation et une modernisation de l'islam, une interprétation contemporaine du Coran. Je défends la liberté religieuse et l'autodétermination, tant que cela ne viole pas le droit applicable. Je ne suis ni en faveur d'une interdiction de la burqa, ni en faveur de la burqa obligatoire. Comme il est dit dans le Coran : « Pas de contrainte dans la foi ! ».

DROGUES

La dépénalisation des consommateurs de drogues doit enfin être appliquée après des décennies de politiques répressives contre-productives. Ainsi, j'appelle à la légalisation de toutes les substances naturelles (en raison de la décriminalisation et de la déstigmatisation des consommateurs, à une éventuelle réglementation du marché avec une assurance qualité garantie, à un allégement pour le pouvoir judiciaire et la police, à des recettes fiscales supplémentaires) et à la légalisation du trafic de drogue, qui permet l'intégration du « crime organisé » dans la légalité. La surveillance des eaux usées de la prévalence et de l'intensité de la consommation de drogues doit être maintenue afin de fournir des données fiables. Les substitutions par la méthadone doivent être arrêtées et les traitements de substitution à la diacétylmorphine (héroïne produite pharmaceutiquement) doivent être proposés à la place.

L'attitude du droit dans le racisme, le sexisme et le classisme doit être combattue. Toutes les formes de violence psychologique et physique doivent également être combattues. La tolérance envers les personnes d'autres religions, d'autres opinions, attitudes, points de vue doit être appliquée dans les faits. Tous les efforts doivent être faits pour prévenir les féminicides et les génocides. L'intimidation et les discours de haine, le cyberfoulage, le bodyshaming, la xénophobie et la néophobie, le racisme et le fascisme, l'antisémitisme, l'extrémisme de droite, l'homophobie, la transphobie, la misogynie et la misandrie, l'exploitation économique et sexuelle, le radicalisme et l'extrémisme doivent être combattus. La prise de conscience des idéologies et des idéologues violents et antiétatiques doit être encouragée. Les structures mafieuses et la criminalité structurelle, l'élitisme et le lobbying doivent être combattus. Les isolements ethniques et les sociétés parallèles doivent être évités ou l'interaction entre eux doit être rendue possible. Personnellement, je rejette l'hostilité à la religion. Il est également nécessaire d'imposer des exigences plus strictes en matière de liberté du barreau. La promotion et le renforcement de la durabilité écologique, sociale et économique doivent devenir une évidence. La traite des organes, des armes et des êtres humains doit être combattue. Il est nécessaire d'organiser des cours d'autodéfense pour les filles et les femmes, tels qu'une sensibilisation accrue à l'hygiène du travail. La richesse de l'offre culturelle doit être préservée. La promotion locale de l'art et de la culture doit être élargie.

La disponibilité d'espaces d'échanges interculturels doit être garantie. Elle a besoin de la cohésion et de la coopération des groupes antifascistes. La lutte contre l'intimidation due aux différences biologiques, à la constitution psychologique et à l'orientation est une responsabilité sociale ! La garantie d'une société ouverte et pluraliste doit être constamment combattue ! Nous devons faire respecter la liberté d'expression et la liberté de la presse ! Il est impératif de promouvoir l'égalité des chances pour tous en toutes circonstances et dans tous les domaines de la vie ! L'évasion doit être évitée ! Elle a besoin de la participation sociale garantie de tous ! Le progrès écologique par le progrès social ! Une transition majeure vers le post-capitalisme est nécessaire. Elle a besoin de la coexistence pacifique de tous les groupes sociaux et de la paix entre toutes les nations, religions et idées !

POLITIQUE DE L'ÉDUCATION

Une éducation et une formation abordables sont nécessaires ! Le maintien de l'enseignement obligatoire doit rester intact. L'expansion de l'éducation, de la formation et de la recherche doit passer en premier. L'objectif doit être une offre éducative rentable et subventionnée avec du matériel pédagogique gratuit. La promotion des services de soutien aux adultes, aux jeunes et aux enfants doit être encouragée. Par conséquent : Renforcez les dépenses publiques en matière d'éducation ! Des parcours éducatifs ouverts à tous !

QUESTIONS DE GENRE

La sensibilisation au caractère quotidien du harcèlement sexuel doit être assurée. La suppression de la pénétration du harcèlement sexuel peut être surmontée en renforçant et en appliquant le droit pénal sexuel. L'enquête et la condamnation des infractions sexuelles doivent être garanties. La propagation des abus sexuels doit être contrée. La lutte contre la pédophilie et la parthénophilie doit être intensifiée. C'est pourquoi des mesures de prévention et de répression plus fortes sont nécessaires pour lutter contre l'exploitation sexuelle et le sexisme structurel. Ainsi, l'introduction et l'application d'une interdiction d'appel de chat ainsi que d'une règle de oui seulement sont absolument nécessaires.

Je suis contre l'utilisation légalement obligatoire d'astérisques génétiques. Au lieu de caractères spéciaux dans les mots et de pauses dans la parole, je suis en faveur de la prononciation transparente, par exemple, des initiateurs, ce qui se traduirait probablement par un féminin verbalement. Je suis également favorable à des règles légales de parité entre les sexes, même si je me réjouis naturellement de l'augmentation des quotas de femmes dans tous les domaines. La Suisse doit également nommer une ambassadrice de bonne volonté pour les droits des femmes. Il ne doit pas y avoir de discrimination et de persécution sur la base de l'orientation et de la préférence sexuelles (en cas de consensualité entre citoyens responsables) !

La réduction de la TVA sur les produits d'hygiène féminine est attendue depuis longtemps, et la gratuité des produits d'hygiène féminine et des contraceptifs serait également temps. Le maintien de l'autodétermination physique de tous les sexes, y compris le droit à l'avortement, devrait aller de soi. Les avortements gratuits devraient également être réalisables. Il est urgent de mettre à jour et de relativiser toutes les images de femmes et d'hommes, de modèles féminins et masculins. Le mariage pour tous était également attendu depuis longtemps. Je suis contre l'interdiction du burkini dans les stations balnéaires, mais aussi pour que la baignade seins nus soit autorisée pour tous dans les stations balnéaires. Je suis également au courant de la censure du sein féminin sur les réseaux sociaux. L'introduction de soi-disant vacances menstruelles serait également heureuse. Il y a un besoin urgent de plus de refuges pour femmes (financés par l'État). Plus de soutien dans le soutien aux victimes. Plus de soutien pour la violence psychologique, physique et sexuelle, les abus et l'inceste.

PARTICIPATION POLITIQUE

Il est urgent de remédier à l'aliénation de la politique vis-à-vis des citoyens et des citoyens de la politique. La participation politique et la participation de la population à la prise de décisions politiques doivent être encouragées. La résignation et la déception politiques doivent être évitées ou ne pas s'intensifier. C'est pourquoi nous devons introduire l'âge du vote à 16 ans et l'introduction du droit de vote pour les citoyens suisses sans passeport suisse (après 5 ou 3 ans de résidence). L'éducation et le conseil politiques doivent être développés. Mais surtout, elle a besoin de l'introduction de la science politique à l'école pour pouvoir remplir correctement les bulletins de vote, par exemple. Le renforcement de la démocratie et de ses institutions doit à nouveau se voir accorder la priorité absolue.

J'apprécie la proposition de Sandra Hess (PLR Nidau) de faire figurer sur l'enveloppe de vote le code QR avec les instructions de vote. Si seulement 30 % des électeurs votent, je pense que toute politique perd toute légitimité (est-ce que ce sont 15-20 % de la population qui décident démocratiquement de la transformation de la société ?) Il est urgent de promouvoir la participation des citoyens. Je m'étais même demandé si l'idée d'une majorité des 2/3 dans les parlements et lors des votes serait utile, car seules des solutions consensuelles seraient alors adoptées et tous devraient s'efforcer de trouver les plus petits dénominateurs communs suffisants pour obtenir une majorité. Mais certains êtres humains m'ont fait remarquer que le processus politique serait alors encore plus stagnant.

POLITIQUE ÉCONOMIQUE

La corruption et le népotisme, comme tout crime économique, doivent être combattus. L'abolition et la réduction de la bureaucratie inutile doivent être encouragées. Des exigences légales plus strictes en matière de responsabilité sociale et écologique des entreprises sont nécessaires. L'utilisation durable des ressources (naturelles) doit être garantie. L'expansion des modèles de flexibilité du temps de travail doit être abordée. Une bonne formation du personnel assortie d'une rémunération équitable doit aller de soi. Il a besoin d'un salaire décent pour toutes les activités. Des conditions de travail et des salaires humains doivent augmenter ! Nous avons besoin du développement et de la sécurité de la coopération industrielle, d'une réglementation cohérente du marché et d'un commerce éthique. L'esclavage moderne du travail doit être évité. Nous avons besoin d'une régulation plus équitable du marché mondial ou d'une mondialisation ! L'eau potable gratuite lors des concerts doit être garantie ! Ce qu'il faut, c'est assurer la prospérité malgré l'inflation !

POLITIQUE FINANCIÈRE

Je suis pour: l'interdiction des cryptomonnaies, le maintien du franc suisse, l'introduction d'une taxe de luxe sur les produits de luxe, l'application d'une interdiction d'intérêt ou d'intérêt usuraire (par exemple, déclarer illégale tout intérêt supérieur à 1%), une taxe sur les transactions sur les contributions supérieures à

CHF 100'000, l'introduction d'un impôt milliardaire de 10% (pré-levant un impôt sur la fortune de 10% sur les soldes supérieurs à 1 milliard sur les comptes bancaires suisses), l'utilisation efficace de l'argent des contribuables (par exemple dans l'armée), l'introduction de l'imposition individuelle, l'augmentation constante des taux de TVA (pour financer un revenu de base inconditionnel), une juste péréquation fiscale intercantonale, le maintien et la garantie de la possibilité de pouvoir payer partout avec de l'argent liquide, l'attente du respect des plafonds d'endettement, la perception d'une taxe sur la consommation d'énergie de tous les biens et services et la   Dissolution des entrepôts douaniers francs.

STRUCTURE DE L'ÉTAT

Je suis très critique à l'égard de la privatisation des entreprises d'importance systémique. Au lieu de cela, nous avons besoin de la nationalisation des infrastructures d'importance systémique ! Il y a aussi un besoin d'une laïcité appliquée de manière cohérente, la séparation claire de l'État et de la religion. L'acceptation et la tolérance par l'État de toutes les croyances, attitudes et sectes religieuses doivent être garanties, à condition qu'elles ne violent pas avec véhémence la loi applicable. Pour cette raison, je rejette toute forme d'hostilité envers l'État, les agitations et les attitudes antidemocratiques. Il est nécessaire de sanctionner plus sévèrement les agressions physiques contre les services d'urgence, en particulier les ambulances. Bien entendu, il doit également être possible de punir plus sévèrement l'arbitraire policier. La Suisse ne doit pas non plus négliger d'enquêter et de suivre les activités des différents services de renseignement et organisations criminelles dans le pays. La neutralité armée et la souveraineté sont le seul moyen de préserver l'indépendance politique et la souveraineté de la Suisse ! Je suis donc très critique à l'égard de la privatisation de RUAG Ammotec, mais je salue le siège de la Suisse au Conseil de sécurité de l'ONU (de janvier 2023 à décembre 2024).

POLITIQUE DE SÉCURITÉ

Les voies d'accès les plus sûres possibles aux enfants doivent être assurées. Une formation est également nécessaire pour gérer les canaux de médias sociaux, la numérisation et la cybersécurité. Il doit être possible de maintenir le fonctionnement de la police. La violence politique et l'arbitraire doivent être punis. Il va sans dire que tous les citoyens doivent être traités sur un pied d'égalité par les forces armées par la police. Je soutiens également l'abolition du service militaire obligatoire (conscription) ainsi que le maintien du système de milice dans l'armée et le maintien de l'armée pour soutenir la police, la protection civile et l'aide d'urgence. Les efforts doivent également être intensifiés afin d'assurer la protection (des témoins) des lanceurs d'alerte. La domination ou la domination des espaces publics par les gangs, les clans et les clans doit être empêchée. Il est urgent de renforcer la justice pour mineurs. Dans le développement ultérieur du système de service obligatoire, le service citoyen obligatoire avec liberté de choix est pour moi la seule option pour pouvoir fournir une aide d'urgence dans la crise du personnel de certaines professions (soins de santé, infrastructures publiques et administration).

Il faut s'attaquer au lancement d'une réforme urgente et pressante de la justice ! La fonctionnalité de la justice doit pouvoir être maintenue. Il faut éviter la surcharge du Tribunal fédéral. Il faut des tribunaux fonctionnels et un droit de procédure suisse uniforme. Le maintien de la souveraineté et de la neutralité suisses ne doit pas être remis en cause ! Le maintien de la juridiction suisse est nécessaire. C'est pourquoi la reprise automatique du droit européen ne peut pas être l'objectif. Le maintien et le développement de la coopération politique, économique et militaire avec les États de l'UE doivent être renforcés. C'est pourquoi les relations avec l'UE doivent être clarifiées dans un accord-cadre institutionnel. Les relations bilatérales et multilatérales doivent rester l'alpha et l'oméga. En raison de l'inviolabilité et de l'indépendance de la Suisse, garanties par le droit international, l'adhésion à l'UE et à l'OTAN ne doit pas être une question. L'UE devrait plutôt être construite sur le modèle suisse, ce qui permettrait aussi une participation suisse, si les valeurs suisses (démocratie directe, fédéralisme, concordance, système de milice) n'étaient pas mises à mal. Les divergences de vues entre la Suisse et la Commission européenne en matière de protection des salaires montrent à quel point les normes sociales et politiques spécifiques sont incompatibles ou différentes. Je suis très critique à l'égard des efforts incessants visant à créer une armée paneuropéenne et je préférerais que l'UE s'efforce de se détourner de l'appartenance économique et de la vassalité américaine. Il faut saluer la participation à l'ASE, à l'AELE, à l'accord de Schengen, aux exercices militaires lorsque nous sommes partenaires de l'OTAN et à l'Organisation pour la sécurité et la coopération en Europe (OSCE). Je suis également opposé à la tentative de colonisation de Mars et de la Lune, à l'armement des troupes et des armes spatiales, à la course à l'armement dans l'espace.

Les efforts diplomatiques et humanitaires doivent être intensifiés. Les gens doivent enfin être à la hauteur de leur responsabilité planétaire. C'est pourquoi il faut s'efforcer d'obtenir une pacification mondiale, le renforcement et l'expansion des droits civils. Il doit également être possible d'empêcher autant que possible

l'endoctrinement et le dogmatisme. Il a besoin de la fonctionnalité garantie des organes de l'État ! Les abus de pouvoir par le
biais de fonctions, de positions et de fonctions doivent être évités. Il est nécessaire de mettre en place un service public fort et
axé sur les services dans l'intérêt de la population, d'étendre les
mesures de protection contre la discrimination et l'arbitraire des
autorités et de l'administration, ainsi que d'une politique d'information transparente et dynamique des autorités et de l'administration. La mise en œuvre pratique des idéaux maçonniques de
liberté, de fraternité et d'égalité doit également devenir réalité.

AFFAIRES INTERNATIONALES

Je me réjouis vivement du départ de nombreux pays du dollar
américain en tant que seule monnaie de réserve et monnaie
d'échange sur le marché mondial, ainsi que de l'acceptation de
l'utilisation d'autres monnaies. L'US-NWO appartient restreint !
Je salue donc les alliances entre la Chine, la Russie, l'Iran et la Syrie afin de pouvoir contrer les forces occidentales unies.
L'influence et la dépendance vis-à-vis des États-Unis vis-à-vis de
leurs vassaux européens devraient être limitées, sans, bien sûr,
passer sans heurts aux autorités chinoises. Je demande donc la
dissolution de la base américaine de Ramstein et l'amnistie pour
Julian Assange, le chapitre le plus triste de l'histoire contemporaine à mon avis ! La situation actuelle en République islamique
d'Iran, où des masses de jeunes se suicident après avoir été vio-
lés en état d'arrestation, est encore plus triste. Cette police mo-
rale sexiste, qui a toujours été connue pour laisser la domination
masculine prévaloir sous les plus petits prétextes, semble utiliser
et exploiter la violence sexuelle de manière encore plus délibé-
rée, en plus de la répression violente des manifestations avec
des centaines de morts.

Je salue également les appels publics au retrait et au retrait du prix Nobel de la paix pour Aung Sang Suu Kyi pour avoir toléré la persécution des Rohingyas musulmans en Birmanie. La libération des Ouïghours et la dissolution des prisons et des camps de travail ouïghours sont également indispensables ! Le conflit au Moyen-Orient ne peut prendre fin qu'avec la solution à deux États et l'autonomie d'un État palestinien ! Je suis également contre le boycott de tous les produits et personnes russes et contre le réarmement militaire et financier de l'Ukraine. Comme l'ont montré les interventions occidentales en Syrie et en Ukraine en 2014, les États ouverts d'esprit et les troupes régulières doivent défendre leurs idéologies et se rendre compte que les opérations secrètes et les réarmements aveugles et innombrables et la formation des membres de l'opposition sapent quelque peu la confiance dans leur état de droit. L'établissement et l'acceptation d'un État kurde doivent également être réalisés. Je soutiens également l'indépendance de la Catalogne et appelle à l'impunité de Carles Puigdemont.

APPROBATION DES INITIATIVES POPULAIRES SUIVANTES: Initiative sur le revenu de base « Vivre dans la dignité – Pour un revenu de base financièrement viable », Initiative future pour « Pour une politique climatique sociale – financée de manière équitable », Initiative Kita « Pour une garde d'enfants complémentaire familiale de qualité et abordable pour tous », Initiative Service Citoyen « Pour une Suisse engagée », Initiative d'élevage industriel « Pas d'élevage de masse en Suisse », 13ème rente AVS « Pour une vie meilleure dans la vieillesse », Initiative de justice fiscale « Pour une imposition individuelle indépendante de l'état civil », Initiative de feux d'artifice « Pour une restriction des feux d'artifice » (En raison de l'actualité des efforts nécessaires pour plus de protection du climat et des animaux), Initiative à 99%

« Alléger équitablement les salaires, taxer le capital » (rejetée), Initiative Justice « Détermination des juges fédéraux par tirage au sort » (rejetée), Initiative de soins « Pour des soins forts » (adoptée), Initiative d'inclusion « Pour l'égalité des personnes handicapées », Initiative du fonds pour le climat : « Pour une politique énergétique et climatique équitable : investir pour la prospérité, le travail et l'environnement », Initiative pour la démocratie « Pour un droit de la nationalité moderne » et la Initiative alimentaire de Franziska Herren « Pour une alimentation sûre – grâce au renforcement de la production indigène durable, à davantage de denrées alimentaires végétable et à une eau potable propre », saluant l'amendement à la loi sur la transplantation, Pétition « Nous ne voulons pas d'aliments génétiquement modifiés! », Pétition « pour une loi accrocheuse sur la responsabilité des entreprises ».

ORGANISATIONS NATIONALES SOUTENUES : actif-trafiC, Ag!ssons, Fondation Age, Alliance Sud, Association écoquartier AE, Association Mad Pride Suisse, Association Qualité en Journalisme QuaJou, Association et ThinkTank Denknetz – Réseau de réflexion, aufbruch – Unabhängige Zeitschrift für Religion und Gesellschaft, AvenirSocial – Association professionnelle suisse du travail social, Biovision – Fondation pour un développement écologique, alliance F – la voix politique des femmes en Suisse, Campax, Consensus Cannabis Suisse CCCH, Christlicher Friedensdienst cfd / 16 Tage gegen Gewalt, Collectif de grève féministe 14 juin, Commission de la concurrence COMCO, Bureau de coordination pour la mobilité durable COMO, CONTACT – Fondation Aide Addiction, Coopératives d'habitation suisses, Fachverband Sucht, FIZ Centre d'assistance aux migrantes et aux victimes de la traite des femmes, Forum pour un islam progressiste, Fussverkehr Schweiz – Mobilité piétonne, Hexenmuseum – Musée suisse des sorcières (Château Liebegg), IGSU – Communauté d'interêts pour un monde propre, Initiative Accompagnement sexuel InSeBe, Interreligiöser Think-Tank – Groupe de réflexion interreligieux, Communauté de travail interreligieuse en Suisse IRAS COTIS, Institution suisse des droits humains ISDH, Märchen-stiftung Mutabor, Médecins en faveur de l'environnement MfE, Médecins Sans Frontières MSF, Centrale d'enregistrement et d'a-nalyse pour la sûreté de l'information MELANI, Coordination po-litique des addictions NAS-CPA, Platforme Habitat à stationne-ment réduit (projet de VCS), ProSpecieRara, Public Eye (ancien-nement Déclaration de Berne), pvl lab – Laboratoire politique, Renovate Switzerland, Schweizerischer Blindenbund, Réseau des solutions pour le développement durable SDSN, Schweizerische Energie-Stiftung SES, Fondation pour l'éducation à la tolérance SET, Conseil suisse pour la paix SFR, Société suisse de sciences des religions SGR-SSSR, Solidar Suisse, Société pour les peuples menacés SPM, Syndicat des services publics SSP, Société suisse de psychiatrie et psychothérapie SSPP, Stiftung Denk an mich, Stiftung für das Tier im Recht TIR – Fondation pour l'animal en droit, Stiftung gegen Gewalt und Frauen und Kindern – Fonda-tion contre le racisme et l'antisémitisme GRA, Stiftung Märtplatz, Studienverein zeitlose Weisheit der TG Adyar, SwissFoundations, Swiss Protein Association SPA, Swiss Veg, syndicom – Syndicat des médias et de la communication, Terre des hommes, Tibet Institute Rikon, Ting Community, Travail.Suisse, syndicat Unia, Union syndicale suisse USS, Vegane Gesellschaft Schweiz, Fonda-tion suisse VISIO-Permacultura, Viva con Agua Suisse, WeCollect – Plateforme pour la démocratie directe, Zürcher Institut für in-terreligiösen Dialog ZIID.

ENTREPRISES NATIONALES SOUTENUES : Berner Mandelbärli AG, Caritas Suisse (depuis 1901), ClearSpace SA (Rue de Lausanne 64 à 1020 Renens), eatplanted / Planted Food AG (depuis 2019 à Kemptthal), Ex Libris AG (depuis 1947 à Dietikon), Gottlieber Spezialitäten (Gottlieben TG), Fédération des coopératives Migros (depuis 1925), Neue Zürcher Zeitung NZZ (depuis 1780), Raiffeisen Suisse Coopérative (depuis 1899), Swissminiatur (depuis 1959 à Melide TI), SwissProsthetics (Zurich), TWINT SA (depuis 2004), TISO10 Ticino Solare, Umami AG (depuis 2015 à Zurich), Victorinox (depuis 1884 à Schwyz).

ACTIVITÉS POLITIQUES ACCUEILLANTES DE: Kathrin Bertschy PVL, Pirmin Bischof CENTRE, Pascale Bruderer PS, Ruth Dreifuss PS, Balthasar Glättli VERT-E-S, Maya Graf VERT-E-S, Barbara Gysi PS, Alfred Heer UDC, Daniel Jositsch PS, Pierre-Yves Maillard PS, Christa Markwalder PLR, Dick François Marty PLR, Mattea Meyer PS, Roger Nordmann PS, Ruedi Noser PLR, Valentine Python VERT-E-S, Paul Rechsteiner PS, Franziska Roth PS, Barbara Schaffner PVL, Meret Schneider VERT-E-S, Carlo Sommaruga PS, Aline Trede VERT-E-S, Flavia Wasserfallen PS, Céline Widmer PS, Raffael Wüthrich VERT-E-S, Sarah Wyss PS, Roberto Zanneti PS.

PERSONNALITÉS SOUTENUES AU NIVEAU NATIONAL : Norbert Bischofberger (journaliste et théologien), Barbara Bleisch (auteur et modérateur), Gimma / Gian-Marco Schmid (musicien), Amira Hafner-Al Jabaji (érudit islamique), Dr. h.c. theol, lic. phil. Hist. Rifa'at Lenzin, Agota Lavoyer (spécialiste des violences sexuelles), Roger Liggenstorfer (éditeur et activiste), Bruno Manser (ethnologue et activiste), Franziska Schutzbach (sociologue), Jolanda Spiess-Hegglin (militante et journaliste), Hugo Stamm (journaliste et expert en sectes), Nicola Steiner (journaliste culturel), Jean Ziegler (sociologue).

ORGANISATIONS SOUTENUES EUROPE: Amnesty International (depuis 1961 à Londres), Arbeitskreis für vergleichende Mythologie e.V. (Leipzig), Archiv für Altes Gedankengut und Wissen AAGW, Books for Future, Democracy in Europe Movement 2025 (DiEM25), FAU – Die Basisgewerkschaft (Krefeld DE), Ibn-Rushd-Goethe-Moschee Berlin Moabit (Engagement pour un islam libéral et contemporain), Le Monde diplomatique (depuis 1954), méta Centre for Post Capitalist Civilisation (Athènes), Momox AG / Medimops (depuis 2006 à Berlin), Pro Generika e. V. (depuis 2004 à Berlin), Stockholm International Peace Research Institute SIPRI, Symbolon Gesellschaft für Wissenschaftliche Symbolforschung e.V. (Ludwigshafen am Rhein), Thalia Bücher GmbH (depuis 1919 à Hagen), The Economist (depuis 1843 à Londres), Verein IG Feministische Autorinnen IgfemAT (Vienne), Vulvarium (Graz), Writers for Future.

ORGANISATIONS SOUTENUES À L'INTERNATIONAL : African Feminist Forum AFF, Club de Rome, Extinction Rebellion, Groupe intergouvernemental sur le changement climatique GIEC, Reporter ohne Grenzen, Sono Motors (développement de Sono Sion, voitures électriques qui sont également chargées par des cellules solaires dans la carrosserie), Fondation Tara Climate (engagement pour une transformation énergétique en Asie avec les énergies renouvelables), Terre des Femmes, The Lindsay Vonn Foundation, The Ocean Cleanup (fondée en 2013 par Boyan Slat), Transparency International (depuis 1993 à Berlin), Wikipedia (depuis 2001), Women's Aid Collective WACOL.

PERSONALIA

LA PERSONNE

Alain Bopp est l'auteur de « Soma Summarum. Programme d'analyse et de relaxation psychodynamique profonde » : L'humanisme épicurien est un programme thérapeutique moderne d'analyse et de relaxation psychodynamiques profondes dans la tradition de la psychanalyse « hongroise » (c'est-à-dire se référant à Ferenczi et à l'école hongroise de psychanalyse) pour fonder un système d'enseignement ésotérique du tarot comme rite de haut niveau « islandais », à partir de traditions de la franc-maçonnerie « écossaise ».

Journaliste de formation, auteur et artiste, sélénophile et sapio-sexuel, méritocratique, www.alainpatricebopp.ch.

OEUVRES

Les livres suivants sont disponibles dans le commerce.

Lyrisches Gesamtwerk. Format A5, 120 pages.
ISBN 9783755784159
(Également disponible en E-Book ISBN 9783754388075)

Œuvres lyriques complètes. ISBN 9783756882304
(Également disponible en E-Book ISBN 9783756264292)

Soma Summarum Résumé. Programme d'analyse et de relaxation psychodynamique profonde. 140 pages.
IBSN 9783743140769

(Également disponible en E-Book ISBN 9783756265015)

Soma Summarum Vollversion. Programm zur psychodynami-
schen Tiefenanalyse und -Entspannung. 654 pages.
ISBN 9783755710226

Soma Summarum Kurzversion. Programm zur psychodynami-
schen Tiefenanalyse und -Entspannung. 338 pages.
ISBN 9783754395882

Soma Summarum Zusammenfassung. Programm zur psychody-
namischen Tiefenanalyse und -Entspannung.
Format A5, 152 pages. ISBN 9783754378106
(Également disponible en E-Book ISBN 9783756263929)

Im Purpurkeller. Vom flammenden Gesang der Zärtlichkeit. Eroti-
sche Lyrik I. Format A5, 128 pages. ISBN 9783738625608
(Également disponible en E-Book ISBN 9783756264759)

INTÉRÊTS: Histoire intellectuelle générale, Philosophie grecque
(Héraclite, Épicure, Diogène v. S.), Mysticisme juif et islamique,
Philosophies de l'enluminure chiite, Développements ultérieurs
de la psychanalyse (Sándor Ferenczi), Histoire mondiale, Recherche politique et économique, Sociologie, Psychologie et philosophie, Tarot et systèmes ésotériques, Études religieuses inter-
disciplinaires, Écritures préférées: Coran, Isaïe, Ezéchiel, Nahum,
Habacuc, Livre préféré: 1984 par George Orwell, Art contemporain et culture. Je me sens également engagé dans la mise en
œuvre pratique des idéaux maçonniques, qui, à mon avis, devraient aller de soi dans l'héritage humaniste des Lumières. Je
suis aussi un fervent partisan d'Adam Weishaupt (1748-1830),
Éliphas Lévi (1810-1875), Madame Blavatsky (1831-1891), Sig-

mund Freud (1856-1939), Oswald Wirth (1860-1943), Sándor Ferenczi (1873-1933), Victor Tausk (1879-1919), Vilma Kovács (1883-1940), Imre Hermann (1889-1984), Lillian Rotter (1896-1981), Erich Fromm (1900-1980), Frigga Haug (*1937), Peter Sloterdijk (*1947), Slavoj Žižek (*1949), Yanis Varoufakis (*1961), Robert Pfaller (*1962), Seyran Ateş (1963), Hartmut Rosa (*1965), Sahra Wagenknecht (*1969), Alexis Tsipras (*1974), Svenja Flaßpöhler (*1975), Katrín Jakobsdóttir (*1976), María Teresa Rodríguez-Rubio Vázquez (*1981) et Philipp Staab (*1983).

Annexes

Revenu de base inconditionnel RBI

En raison des rationalisations techniques, de plus en plus de personnes disparaissent non seulement en tant que travailleurs, mais aussi en tant que consommateurs. Un RBI devrait augmenter la capacité à prendre des responsabilités et à s'engager dans la communauté. Comme l'abandon de l'idée du plein emploi devient inévitable et que de plus en plus de personnes se retrouvent ainsi sans travail et sans ressources, le RBI permettrait d'abolir la bureaucratie sociale extensive et de préparer la voie à l'imposition des revenus vers celle de la consommation et à des conditions de travail meilleures et plus humaines.

Mais il faudrait qu'il soit suffisamment élevé pour que les autres prestations sociales soient supprimées et que la couverture des besoins vitaux soit garantie. En Suisse, ce serait probablement entre 3'000 et 4'000 francs, le mieux étant sans doute 3'500 francs. Je suis également convaincu qu'avec un revenu de base garanti, de nombreuses personnes travailleraient plus au lieu de moins, car elles trouveraient et chercheraient des emplois qui leur plaisent ou auraient des moyens garantis pour créer leurs propres entreprises et activités. Un RBI encouragerait certainement la créativité et l'esprit d'entreprise. La volonté de travailler est indéniable. Pour Götz Werner, le problème réside dans le lien entre le travail et le revenu et il demande que l'on passe de l'imposition du revenu à l'imposition des dépenses ou de la consommation. Il est clair que le travail est le fruit de l'initiative et que le domaine d'activité de l'avenir est le travail tourné vers l'homme, car l'évolution démographique exige et favorise l'attention portée aux autres.

Voici mon texte pour le site web de la Passerelle :

POUR UNE EXISTENCE DIGNE !

Passerelle soutient la deuxième initiative populaire pour un revenu de base inconditionnel (RBI) intitulée « Vivre dans la dignité – Pour un revenu de base inconditionnel finançable ». La pandémie de la maladie de Corona a particulièrement mis en évidence la nécessité d'un tel revenu de base pour les personnes démunies et pour l'ensemble de la société. Cela permettrait à un plus grand nombre de personnes de répondre à leurs besoins et à leurs souhaits réels. Le RBI favorise une vie dans la dignité et l'autodétermination. Le RBI permet également de reconnaître et de valoriser le travail de care (au sein de la famille et des associations) qui n'était pas rémunéré jusqu'à présent. Actuellement, plus de 50% des heures de travail en Suisse ne sont pas rémunérées. Un RBI soutient ainsi un plus grand engagement (nécessaire de toute urgence) pour l'humanité et le sens civique, renforce la responsabilité pour le bien commun.
La technologisation et la numérisation entraînent la suppression de plus en plus d'emplois, ce qui rend de plus en plus caduc le financement de l'État par l'imposition du travail. Au lieu de cela, un « impôt à la source » sur tous les revenus du capital offre la possibilité d'une réforme fondamentale tant attendue de l'État social.

Sans la nécessité permanente de devoir subvenir à ses besoins par tous les moyens et en travaillant – souvent dans des conditions et avec des rémunérations indignes –, de nombreuses personnes pourraient enfin s'adonner à des activités créatives et porteuses de sens qui leur tiennent réellement à cœur. Ce que l'on appelle les « working poors » seraient également de l'histoire ancienne.

Le texte de l'initiative offre une marge de manœuvre suffisante en ce qui concerne la mise en œuvre, ce qui permet une grande participation, une validation et une adaptation aux besoins par la société civile. Le modèle de financement, le montant et la mise en œuvre d'un RBI seront négociés et adoptés par le Parlement. En Allemagne, l'introduction d'un revenu citoyen ou d'un revenu de base solidaire est en discussion, ce qui rendrait inutiles les éternelles adaptations et insatisfactions des systèmes de sécurité sociale actuels. Au Brésil, en Namibie et en Afrique du Sud, le RBI est également considéré comme le meilleur moyen de mettre fin une fois pour toutes à la pauvreté dégradante et est mis en avant. L'idée du RBI est soutenue par David Richard Precht, Katja Kipping et Götz Werner. L'économiste Thomas Straubhaar, professeur d'économie politique à l'université de Hambourg, demande-lui aussi : Le revenu de base maintenant !

Transition énergétique

Les effets intensifs du changement climatique, comme l'augmentation de la chaleur, seraient prédestinés à être utilisés comme sources d'énergie. Comme les énergies fossiles sont aussi limitées, il serait impératif d'intensifier les énergies renouvelables (déjà avant la crise ukrainienne, au lieu de chercher d'autres sources d'approvisionnement auprès d'autocrates alliés – ou actuellement acceptés ou tolérés par la communauté des valeurs occidentales dans la vassalité américaine). Jusqu'à ce que les énergies renouvelables soient disponibles en quantités suffisantes, je suis d'avis de continuer à exploiter les centrales nucléaires tant qu'elles peuvent être exploitées « en toute sécurité » ou de faire avancer la nouvelle génération de « mini-centrales nucléaires » qui peuvent aussi recycler les déchets radioactifs (sans faire de greenwashing bien sûr, mais mieux que de recourir à des centrales à gaz ou à charbon). Aussi, cela n'a pas beaucoup de sens de renoncer à l'électricité nucléaire et de l'acheter à la place beaucoup plus chère, par exemple à la France. Nous devrions aussi nous préoccuper de la sécurité des centrales nucléaires en France, car elles ne sont pas toujours très éloignées de la frontière suisse et sont généralement dans un état encore plus mauvais que les centrales nucléaires suisses. Aussi, les moratoires n'ont aucun sens si aucune solution de remplacement n'est suffisamment disponible et en service ou ne pourrait être mise en service de manière approximative. C'est pourquoi je salue l'idée du Conseil fédéral d'équiper les glissières de sécurité de panneaux solaires. Un développement intensif et suffisant des énergies renouvelables solaire, éolienne et hydraulique reste la seule solution pour s'affranchir des sources d'énergie fossiles épuisables. Pour cela, il faudrait aussi développer plus efficacement les batteries ou les systèmes de stockage. Il faudrait aussi augmenter les tarifs de rachat et réglementer clairement le rachat par les ménages privés.

Mais ne plus faire de commerce et de diplomatie avec des États qui violent quotidiennement les droits de l'homme reviendrait à ne plus traiter avec aucun État. Aussi, l'industrie des panneaux solaires est aujourd'hui presque entièrement entre les mains de la Chine, tout comme l'extraction et le traitement des minerais et des terres rares. Donc, si la prochaine étape est de boycotter la Chine, non seulement les lumières s'éteindront chez nous, mais une grande partie de notre quotidien habituel deviendra immédiatement inexistant.

Alimentation à base de protéines végétales

Après avoir regardé un documentaire sur la production de soja destiné à l'alimentation animale et avoir été choquée par l'alimentation monotone de la production de masse dans les fermes d'engraissement, j'ai décidé d'abandonner la consommation de viande ou de la réduire massivement, et je suis donc principalement (presque exclusivement, avec de rares exceptions) végétarienne depuis plus d'un an. Mais comme la plupart des substituts de viande ne me plaisent pas, j'ai adopté une cuisine habituelle sans viande, avec de nombreux aliments naturels. Mais lorsque j'ai essayé les produits à base de protéines de pois d'EatPlanted (en particulier le BBQ et le Chimichurri), mon futur régime alimentaire était assuré. Aussi, au début, je n'avais pas besoin de produits de substitution à la viande, car pourquoi devrais-je imiter ou tenter de reproduire la viande si je ne veux plus en manger ? C'est pourquoi, au début, je me suis limitée à la cuisine habituelle, jusqu'à ce que je teste ces produits de substitution. Les produits à base de protéines de pois sont ceux qui me plaisent le plus, et parmi eux, ceux d'EatPlanted ont ma préférence (jusqu'à présent).

C'est pourquoi j'avais écrit dans ce programme que la Fédération et les pouvoirs publics devraient investir dans cette entreprise révolutionnaire (si tant est qu'ils le souhaitent). Au cours de l'affinement de ce programme, j'ai appris que Yann Sommer investissait dans Planted Foods SA. Nico Rosberg a lui aussi déjà investi massivement dans l'alimentation à base de protéines végétales.

Conflit ukrainien

L'abandon des combustibles fossiles aurait en effet déjà été à l'ordre du jour avant la guerre en Ukraine. C'est donc surtout maintenant qu'il faudrait s'affranchir de la dépendance aux énergies fossiles épuisables, plutôt que de se demander à quels autocrates nous les achetons et quels autocrates nous sanctionnons.

Il faut bien sûr condamner fermement la guerre d'agression du gouvernement russe contre l'Ukraine, qui est contraire au droit international, mais tant que le coup d'État de Maidan, qui est contraire au droit international, ne sera pas lui aussi condamné dans la foulée, l'invocation du droit international restera spécieuse, car on sait que les forces ultranationalistes et d'extrême droite, ont été formées et financées par les forces occidentales dans des camps d'entraînement paramilitaires spéciaux afin de promouvoir l'opposition, ont joué un rôle déterminant dans le succès et la formation des forces d'opposition et, selon les propres déclarations de son association Pravyj Sektor, ont été responsables du succès des manifestations de Maidan, c'est-à-dire qu'elles ont joué un rôle décisif.

Etant donné que le président légitime de l'Ukraine Janukovych n'a pas voulu adhérer à l'UE et a légitimement refusé de ratifier et de signer l'accord d'association avec l'UE, et que le pays est divisé sur la question de l'UE, il aurait été logique de séparer l'est du pays ou les forces et régions favorables à la Russie de celles favorables à l'UE à l'ouest du pays. Même Angela Merkel considérait le 18 novembre 2013 que l'Ukraine n'était pas prête pour l'accord d'association avec l'UE.

Pour rappel, en 2014, Ron Paul a déclaré que les forces occidentales étaient à l'origine des troubles en Ukraine ; qu'elles étaient responsables des tensions persistantes et qu'elles avaient déclaré la guerre à la Russie. En 2014, le principal leader de l'opposition, Petro Porochenko, a déclaré dans une interview que l'assaut sur Maidan avait commencé dans la nuit du 11 décembre 2013 lorsque Victoria Nuland et Catherina Asthon étaient en visite à Kiev. Le 15.12.2013, John McCain s'est envolé vers le camp de protestation de Maidan et a encouragé les manifestants à renverser le gouvernement ukrainien. Lorsque Janukovych a voulu faire évacuer le Maidan par la police en décembre 2013, le vice-président Biden l'aurait appelé pour le menacer de sanctions, ce qui l'a amené à retirer l'évacuation prévue.

Daniele Ganser souligne que sans comprendre le coup d'Etat de Maidan, on ne peut pas non plus comprendre l'invasion de Poutine, et explique que le 20 février 2014, le président américain Barack Obama a fait tomber le gouvernement ukrainien. La kleptocratie d'État de la Russie (à laquelle celle de l'Ukraine n'est pas inférieure) montre aussi que les structures mafieuses peuvent aussi mettre en place des gouvernements et pas seulement les infiltrer. Richard David Precht et Sahra Wagenknecht critiquent les livraisons d'armes de l'Allemagne à l'Ukraine. Klaus von Dohnanyi fait remarquer qu'en décembre 2021, Poutine voulait que Biden lui donne des garanties écrites sur la manière dont l'Ukraine pourrait être traitée à l'avenir, mais que Biden a refusé toute négociation sur l'Ukraine. Le musicien Roger Waters est aussi d'avis que Joe Biden attise et a attisé le feu en Ukraine (voir les milliards de dollars d'aide militaire).

Dans l'indice de perception de la corruption (Corruption Perceptions Index CPI) de 2021, Tranparency International classe l'Ukraine au 122e rang et la Russie au 136e (sur 180 États recensés). Sanctionner l'un des pays les plus corrompus afin d'équiper un pays légèrement moins corrompu relève du coup d'épée dans l'eau, d'autant plus que l'on sait déjà qu'à peine un tiers des armes livrées arrivent sur le front et disparaissent en route dans les mains des dirigeants régionaux ukrainiens établis. En raison de leur contre-productivité, je suis favorable à la levée et à l'abandon des sanctions occidentales à la Russie, à une « solution à deux États » ou à une partition du pays avec la reconnaissance de l'annexion de la Crimée et des régions est-ukrainiennes de Louhansk et du Donbass, à l'arrêt du réarmement militaire et financier de l'Ukraine, l'un des pays les plus corrompus du monde (les États-Unis ont à eux seuls « investi » plus de 10 milliards de dollars pour « stabiliser » l'Ukraine), à l'utilisation et à la mise en service du Nord Stream 2 et à l'arrêt et à la non-application du boycott de tous les produits et personnes russes.

Il faudrait aussi enfin savoir où sont passées les nombreuses femmes et jeunes filles ukrainiennes qui sont devenues introuvables et dont on ne sait plus où elles se trouvent.

Réforme de l'Union européenne UE

L'UE devrait plutôt être conçue sur le modèle suisse, ce qui permettrait aussi une participation suisse, si les valeurs suisses (démocratie directe, fédéralisme, concordance, système de milice) n'étaient pas mises à mal par une adhésion, au lieu que la Suisse perde son indépendance et sa neutralité et devienne complètement vassale des ambitions de grande puissance européenne. Comme l'a montré l'équivalence boursière, certaines sanctions économiques sont plus douloureuses pour l'UE que pour la

Suisse. Il ne faut pas non plus démilitariser la Suisse, car les relations avec l'UE (mais pas avec les pays voisins) sont si instables.

La différence de conception entre la Suisse et la Commission européenne en matière de protection des salaires montre à quel point les normes sociales et politiques spécifiques sont incompatibles ou différentes. La Commission européenne reproche à l'Allemagne et à l'Autriche de « fournir une protection salariale excessive » et a engagé des procédures d'infraction contre 24 des 27 États membres de l'UE (pas contre le Portugal, l'Espagne et la Suède).

Langage des genres

Comme les préoccupations féministes me tiennent à cœur, que j'ai été élevée dans des cercles féministes, que j'ai des parents homosexuels (donc que mon père et ma mère sont homosexuels), que j'ai un caractère très féminin et que j'ai aussi des traits féminins très marqués dans beaucoup de choses, je ressentirais mon esprit ou mon âme comme féminin, je me sentirais même genderfluid, mais je suis hétérosexuel (ce qui me relie aussi aux lesbiennes, puisque je n'aime que les femmes) et je voudrais en fait qu'on s'adresse à moi en tant que SHE, car comme je l'ai dit, mon corps est biologiquement masculin, mais l'habitant qui s'y trouve est un être féminin, et devrait donc en fait être appelé Son Excellence, non, Sa Majesté suffit, euh, vous et elle. J'invite mon esprit à se joindre à moi.... Que le Saint-Esprit nous guide (et comme je l'ai dit, il est un Elle après mon étude des Entités) !

Et je viens – comme je l'ai dit – de l'idéalisation du féminin, ce que je n'ai pas encore perdu jusqu'à présent, même si j'ai pu apprendre à mieux connaître et apprécier certaines particularités féminines. C'est pourquoi je voulais m'expliquer sur le fait que, bien que je sois très favorable aux causes et aux actions féministes, je ne voudrais pas que la loi impose l'utilisation de l'astérisque générique, car c'est trop compliqué à lire pour moi (1000 astérisques génériques par livre...).

Je serais favorable à l'introduction d'un féminin générique dans le langage verbal (sans pause) et, dans le langage écrit, à l'utilisation de référent(e)s (ce qui, verbalement, sans pause, revient à un féminin générique, n'est-ce pas ? toujours référentes ?) au lieu de caractères spéciaux qui, à mon avis, n'apportent pas grand-chose à la compréhension du contenu. Je demande que l'astérisque de genre et tout caractère spécial dans les mots ne soient pas imposés par la loi, c'est-à-dire qu'il n'y ait pas de contrainte légale. J'aimerais aussi que les astérisques de genre soient interdits dans les documents officiels.

Il me serait beaucoup plus facile d'utiliser le féminin générique. Aussi, cela faciliterait beaucoup de choses dans la langue française si l'on n'utilisait que les formes féminines dès que et-quelque chose pourrait être féminin. Et la solution de ne plus parler que des travailleurs et des travailleuses me semble aussi beaucoup plus élégante que tous les caractères spéciaux, où ils n'ont rien à faire. Je ne vois partout que des astérisques.... Je ne vois que des astérisques partout.

Des donations sont bien sûr les bienvenues et peuvent aussi être affectées à un but précis avec confirmation d'utilisation :
Freie Mitte, Raiffeisenbank Seeland, 3250 Lyss.
IBAN: CH31 8080 8009 0944 9537 9